DES SOURIRES SOUS LES MASQUES

À Pai & Mãe

ISBN : 9782746762787

DES SOURIRES SOUS LES MASQUES

GABRIELLE BALSAN

autrement

ON DISAIT QUE TU AVAIS UN CALL
OK, MAIS TU CAPTAIS MAL ALORS...

31 DÉCEMBRE 2019
5...
...4...
...3...
...2...
...1...
BONNE ANNÉE !!!
BONNE SANTÉ !!!

15 MARS 2020

LA FEMME DU COUSIN DE LA VOISINE D'UN HABITUÉ DU BAR D'EN BAS ME DIT QUE MACRON VA LANCER LE "GRAND CONFINEMENT"
C'EST DINGUE ! J'AI LA MÊME INFO DE LA BELLE-MÈRE DU COUSIN D'UN COLLÈGUE DE BOULOT !
ILS SE CONNAISSENT TU CROIS ?
LE MONDE EST SI PETIT

L'EXODE

PROFITEZ DU CONFINEMENT POUR FAIRE DES CHOSES INTÉRESSANTES
MAMAN ?!!!
...
...
REGARDE JE LOUCHE !!!

« Mars 2020 : pénurie de masques dans toute la France »

JE VOUS ATTENDS DEPUIS 3h! HIPS!
COUCOU!
ILS SONT SYMPA TES COPAINS
DEVINEZ OÙ JE SUIS !!
TCHIN!
ALLÔ?

ON DISAIT QUE J'ÉTAIS LE MÉCHANT COVID ET QUE JE DOIS T'ATTRAPER !
APRÈS C'EST MON TOUR ALORS !

JOYEUX ANNIVERSAIRE !
HIHI MERCI
ON VOULAIT TE SOUHAITER UN BON ANNIVERSAIRE !
HIPS
HAHA MERCI !
CUL SEC ! CUL SEC !
RRRR RRRONFLL
ZZZZ

VOTRE TABLEAU N'EST PAS TRÈS DROIT... !
RIEN NE VOUS ÉCHAPPE, VOUS !

À PROPOS DE L'APPEL D'OFFRE ON FAIT QUOI ?

KISS
DYNASTY
AC/DC
LEAVE

2 Be 3
LEAVE

DITES-LE AVEC LES YEUX

HiHi
SOURIRE AVEC LES YEUX
SA TEU DI 1 KFÉ ?
SORRY I DON'T SPEAK FRENCH...

MON AMOUR ? T'ES OÙ !?

HAHAHA
EXCELLENTE
Hihi

2 + 2 = ...
5 !!
IL VA ÊTRE LONG
CE CONFINEMENT...

DUEL (1)

DANS L'AIR DU TEMPS

YOCÉLIBADOUWA
WANABILIBILA WA
YECIBIDWIA...
...BIDIWA
AWANA
AWANA AWANA
YECLIBIWA
ZICZIC YEA!
CÉCILE ?
CÉCILE ?!!
ON EST ENCORE
LÀ !!

ESCUSEZ-MOI ?
LE CHEMIN POUR LA GARE SVP ???

« J'avais mis un défilement automatique des filtres (sans m'en rendre compte) »

COMPASSION (1)

HOUSE PARTY

ON LÈVE LA JAMBE ET...
P*** DE CONNEXION DE MERDE !!
JE VAIS CREVER !!!

?
JE TE COMPRENDS
MON VIEUX...

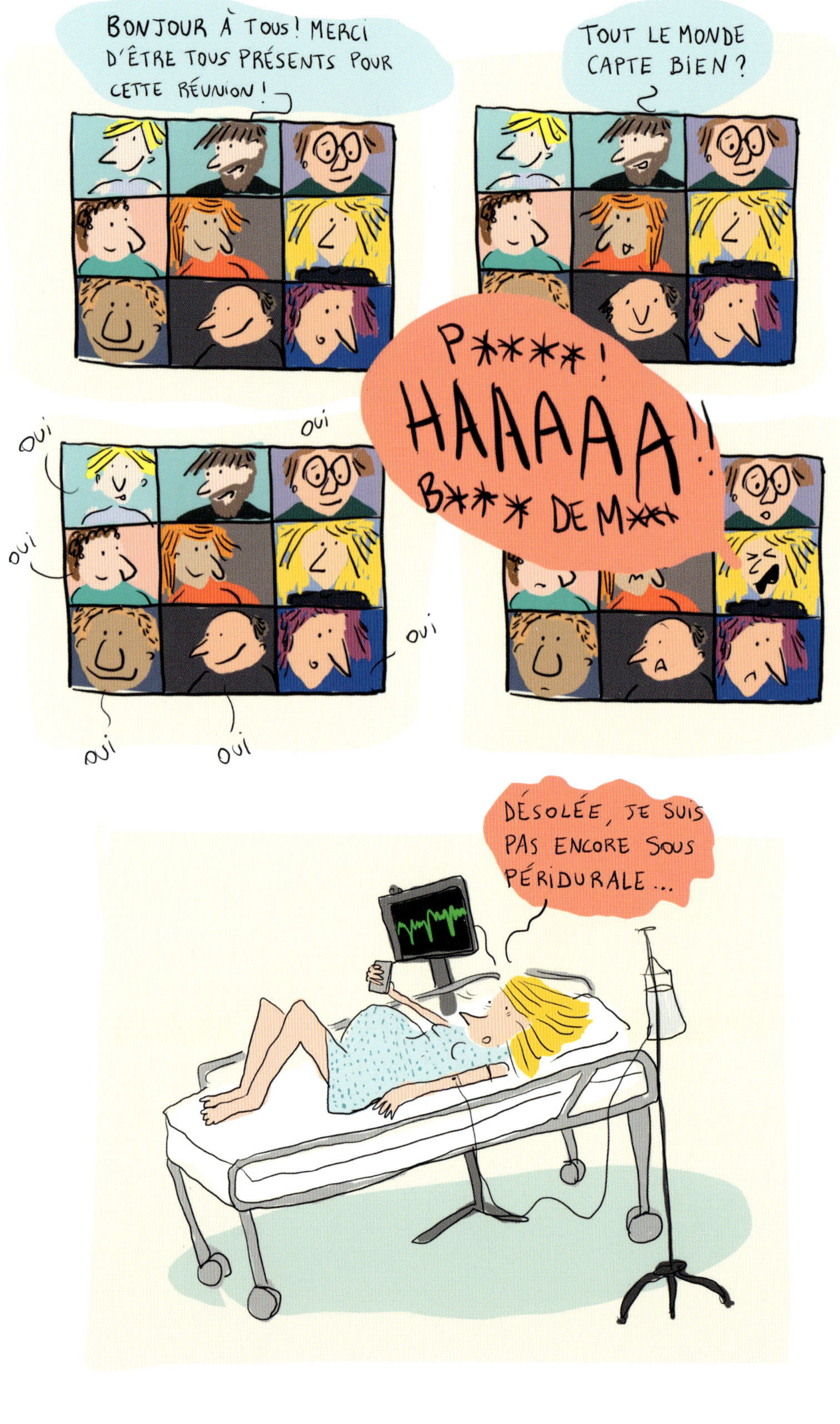
BONJOUR À TOUS ! MERCI D'ÊTRE TOUS PRÉSENTS POUR CETTE RÉUNION !
TOUT LE MONDE CAPTE BIEN ?
OUI
OUI
OUI
OUI
OUI
OUI
P****! HAAAAA!! B*** DE M***
DÉSOLÉE, JE SUIS PAS ENCORE SOUS PÉRIDURALE...

HMMM...
PLUS COURT

PLUS BAS...
VOILÀ ! LÀ VOUS RACCOURCISSEZ DE 1 CM

VOUS VOUS EN SORTEZ TRÈS BIEN MADAME... VOUS N'AUREZ PLUS BESOIN D'UN JARDINIER SI ÇA CONTINUE COMME ÇA !

08:00
11:00
13:00
15:00
16:00
18:00
20:00
AU LIT!
MAIS J'AI MÊME PAS JOUÉ!

PFFF ELLE COMMENCE À ÊTRE CHIANTE CETTE PIÈCE
C'EST PEUT-ÊTRE UNE PERFORMANCE

MALENTENDU

CAP OU PAS CAP :
NE PAS PARLER
DE COVID
ATCHOUM !
PERDU !

PETIT DEJ'
VISIO
VISIO
VISIO
VISIO
DEJ
VISIO
VISIO
VISIO
VISIO
VISIO
DÎNER

COUCHE
CUISINE
LINGE
SÈCHE-LINGE
MÉNAGE
ÉCOLE
CUISINE
JARDIN
COUCHE
APÉRO
COUCHE
APÉRO
PYJ
APÉRO
CUISINE

LES POUILLEUX

"J'AI PORTÉ LA MÊME TENUE PENDANT DEUX MOIS"

?
POURRIEZ-VOUS SENTIR MON MELON CHER MONSIEUR ?

SNIF SNIF !
TRÈS BON

ET MOI ?
ET MOI ?
TANT QUE VOUS Y ÊTES...

MON VOISIN

... NE S'HABILLAIT QU'À 20 HEURES ...

... POUR LES APPLAUDISSEMENTS

C'EST QUAND MÊME LE MONDE À L'ENVERS D'ÊTRE MASQUÉE ET DE MONTRER SES FESSES !

LA CONFIANCE RÈGNE
ELLE A LE COVID C'EST SÛR
QUEL TOUPET !
ENCORE UNE QUI N'A PAS RESPECTÉ LES GESTES BARRIÈRES
JE SUIS POSITIVE
(DANS LA VIE)
VADE RETRO !
VACCINEZ LA !
ELLE N'A PAS RESPECTÉ LE COUVRE FEU !

PIEDS NUS
CLAQUETTE CHAUSSETTE
COUSU MAIN
REINE DES NEIGES + FÉE

T-SHIRT
SHORT
ESPADRILLES
PEIGNOIR
PANTALON CHIC
JEAN (LE MÊME PENDANT 2 MOIS)
JOGGING
ROBE D'ALLAITEMENT
PYJ PRÉFÉRÉ
PANTOUFLE + CLAQUETTE
BLOUSE DE SOIGNANT
CHARENTAISES

« En plein confinement, les aventures d'animaux en ville se multiplient. Des internautes ont aperçu ce dimanche des cerfs à Boissy-Saint-Léger ... »

« On entend les oiseaux chanter » (confinement J +50)

Bip
Bip
Bip
Bip
Bip
Bip
Bip
Bip

ÇA SE PASSE BIEN
LE CONFINEMENT
ON DIRAIT ?
oui ...
Bip !

IL EST OÙ TON RASOIR ?
REGARDEZ JE SUIS LE PÈRE NOËL !
C'EST LE MOMENT OÙ JE VAIS RACCROCHER MONSIEUR
SALUT LES GROS CACAS !

RÉUNION DE COPRO

BONJOUR MONSIEUR LE PRÉSIDENT
BONJOUR BERNARD, BON ÉCOUTEZ, C'EST VRAIMENT IMPORTANT QUE JE VOUS PARLE
MONSIEUR ?
PAPA, JE T'AI APPORTÉ LA BOX

« Mes enfants ont passé trois mois à poil... »

"LA VILLE ÉTAIT VIDE, C'ÉTAIT INCROYABLE"

CONFINEMENT J+10

"LA VILLE ÉTAIT PLEINE D'ORDURES, C'ÉTAIT IMMONDE"

CONFINEMENT J+50

LA VALISE

ON CONTRÔLE ?
NON, IL SORT DU TRAIN : DÉPLACEMENT PROFESSIONNEL
OUI ? C'EST QUI ?
C'EST MOI...
TIENS MON VIEUX ! J'ESPÈRE QU'ELLE N'A PAS ÉTÉ TROP SECOUÉE
PILE À L'HEURE POUR L'APÉRO

VOUS VOULEZ MON MASQUE ?
NON MERCI...

« J'ai fait des faux faire-part de mariage pour cocher la case " motif impérieux " »

CELUI QUI TROUVAIT TOUJOURS UNE EXCUSE POUR NE PAS PORTER LE MASQUE

« J'ai eu la piscine pour moi tout seul »

« Ma boulangère est devenue la meilleure amie de tout le quartier »

ÇA NOUS EST TOMBÉ DESSUS COMME ÇA !
NOUS QUI NOUS RÉJOUISSIONS DE VOUS VOIR...
LA VIE EST UNE CHIENNE !
ET HOP ! À NOUS LA SOIRÉE TV
TU AURAIS PU T'ARRÊTER À : "ON EST CAS CONTACT"

MES ENFANTS ONT ORGANISÉ UNE CHASSE AU TRÉSOR
TU CHAUFFES ! TU CHAUFFES !

MERCI À TOUS POUR VOTRE ATTENTION
WORK IN PROGRESS

MON VOISIN...

... ÉPIAIT TOUTES NOS SORTIES

RÉGRESSION

HAAAAAA
JE FRISSONNE
J'AI MAL À LA TÊTE
JE SUIS SI FAiiiiiiiBLE
UN DOLIPRANE SVP....
MAIS QUE M'ARRIVE-T-IL ?
LA GUEULE DE BOIS.

« Dans le parking souterrain d'une résidence parisienne
ont lieu en ce moment des concerts secrets de piano solo. »
CONCERT CLANDESTIN

TEL MASQUE, TEL...

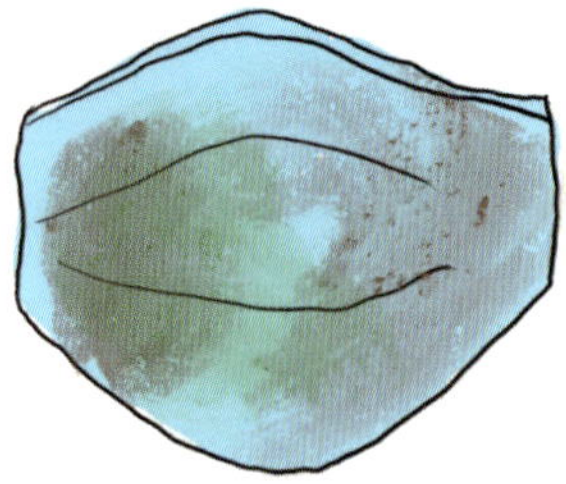

LE RECYCLÉ

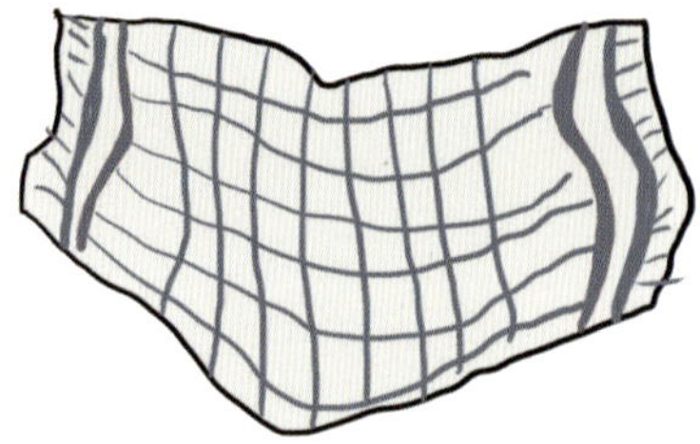

LE HOMEMADE

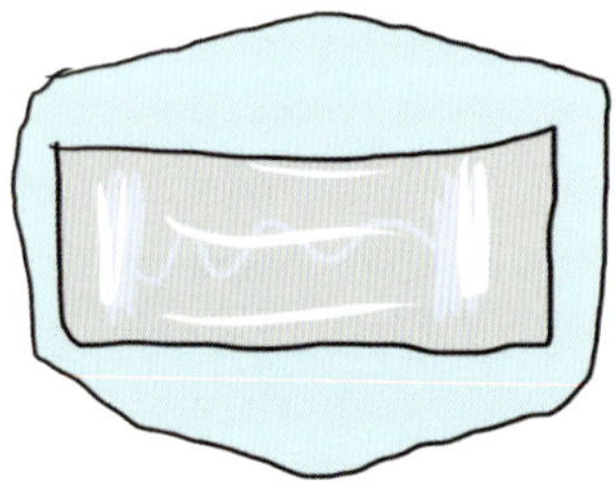

EN TOUTE TRANSPARENCE

LE SUPER MASQUE

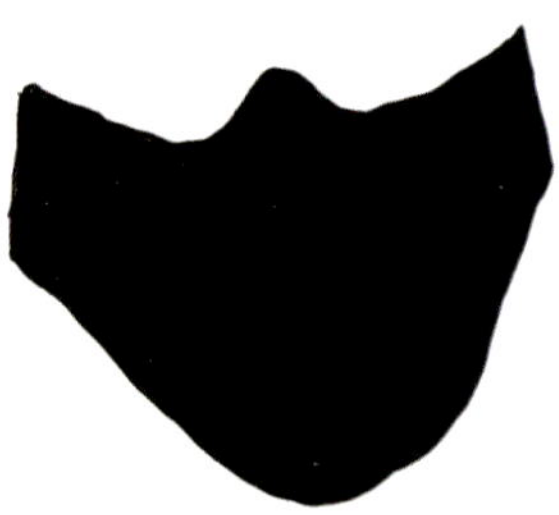

LE SOBRE

LE MILITANT

INCOGNITO

L'OPPORTUNISTE

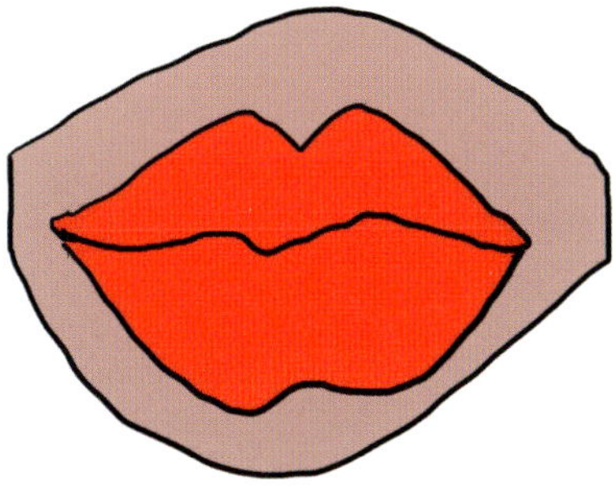

LE GLAM

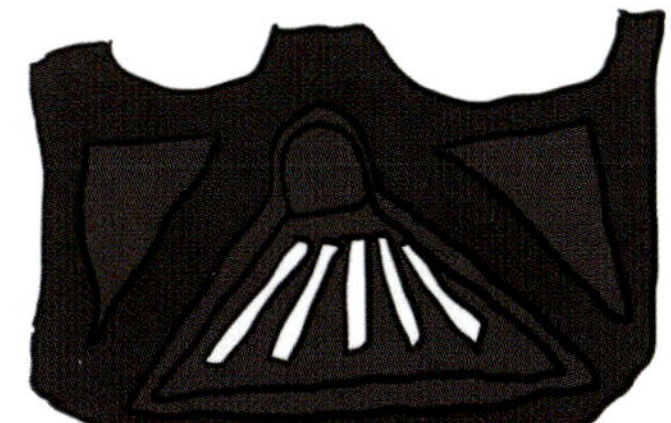

JE SUIS TON PÈRE

LE MIÂÂÂSQUE

LE LENDEMAIN DE SOIRÉE

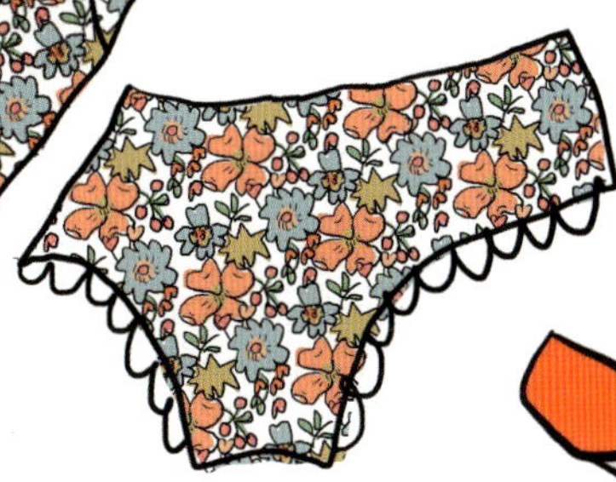

LE TOTAL LOOK

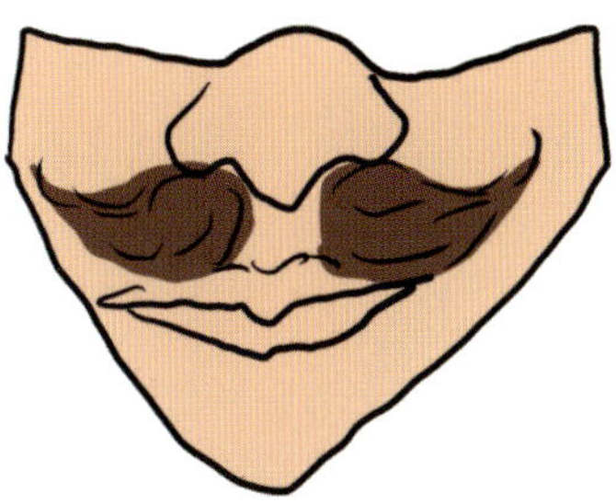

LE PETIT RIGOLO

LE "JAMAIS TROP PRUDENT"

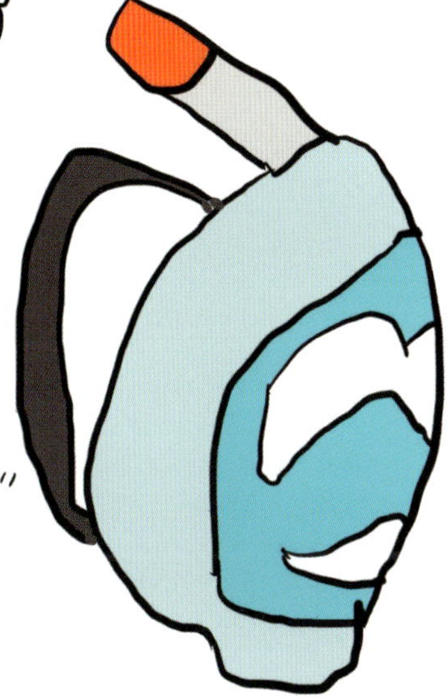

VIIIIIITE !
ÇA VA COMMENCER !

« Mon fils applaudit dès qu'il voit une fenêtre ouverte. »

PFFF... IL Y AVAIT UNE QUEUE DE 8 MÈTRES À LA BOULANGERIE

8 MÈTRES ?
2 M
2 M
2 M
NON, 8 MÈTRES...

ALLÔ ?
ALLÔ ?
LES FACE EARS TIME
AVEC MA GRAND-MÈRE
MA PETITE CHÉRIE ?
TU M'ENTENDS ?

AVANT (MARS 2020)

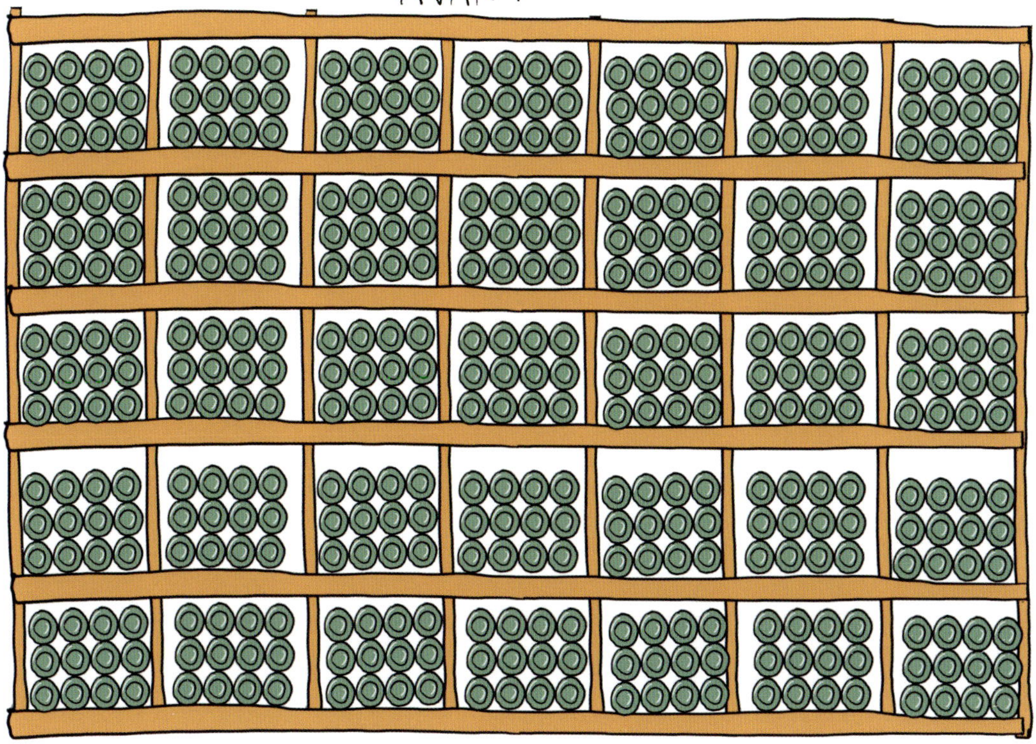

APRÈS (FIN 2020)

MA BOITE MAIL PENDANT UNE PANDÉMIE

VIVEMENT UNE FIN DU MONDE

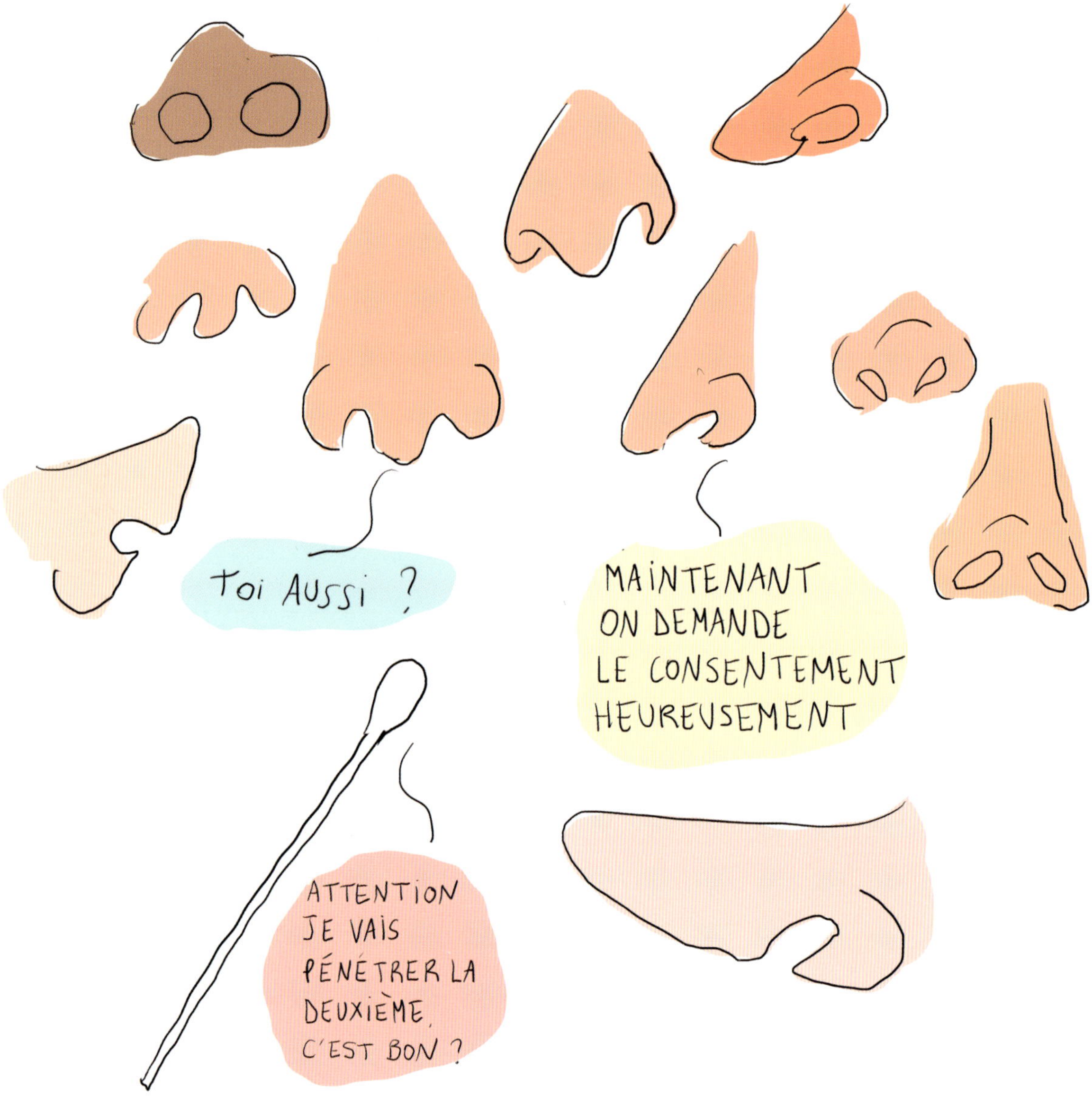
TOI AUSSI ?
MAINTENANT ON DEMANDE LE CONSENTEMENT HEUREUSEMENT
ATTENTION JE VAIS PÉNÉTRER LA DEUXIÈME. C'EST BON ?

SOLITUDE

MON VOISIN…

…A BIEN JOUÉ À TIME'S UP AVEC MOI

UN JOUR, ON PARLERA DE TOUT ÇA AU PASSÉ

JEUX D'ENFANTS (2)

QUIPROQUO

WOUHOU! PATRIiiiCK?
PATOU?...PAT?
PATOCHE?
?
VOUS FAITES ERREUR MADAME

J'AI APPORTÉ DU VIN !
FALLAIT PAS !
ON T'AVAIT DIT DE VENIR LES MAINS VIDES ! ENFIN AVEC TA BROSSE À DENT...

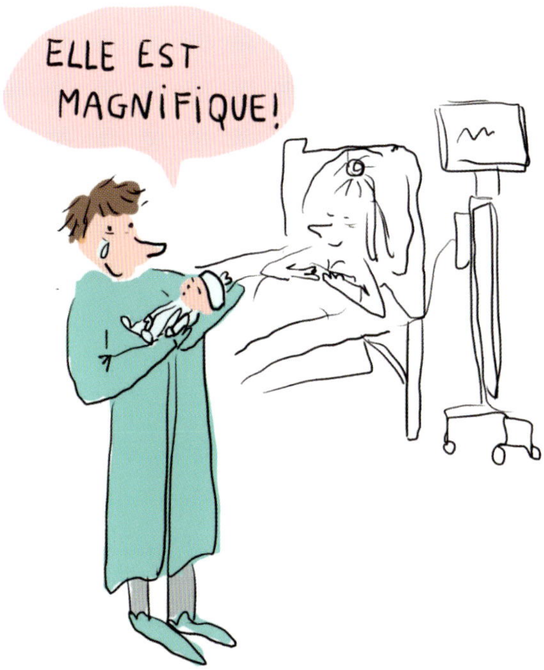

« J'ai planté et récolté mes premières pommes de terre »

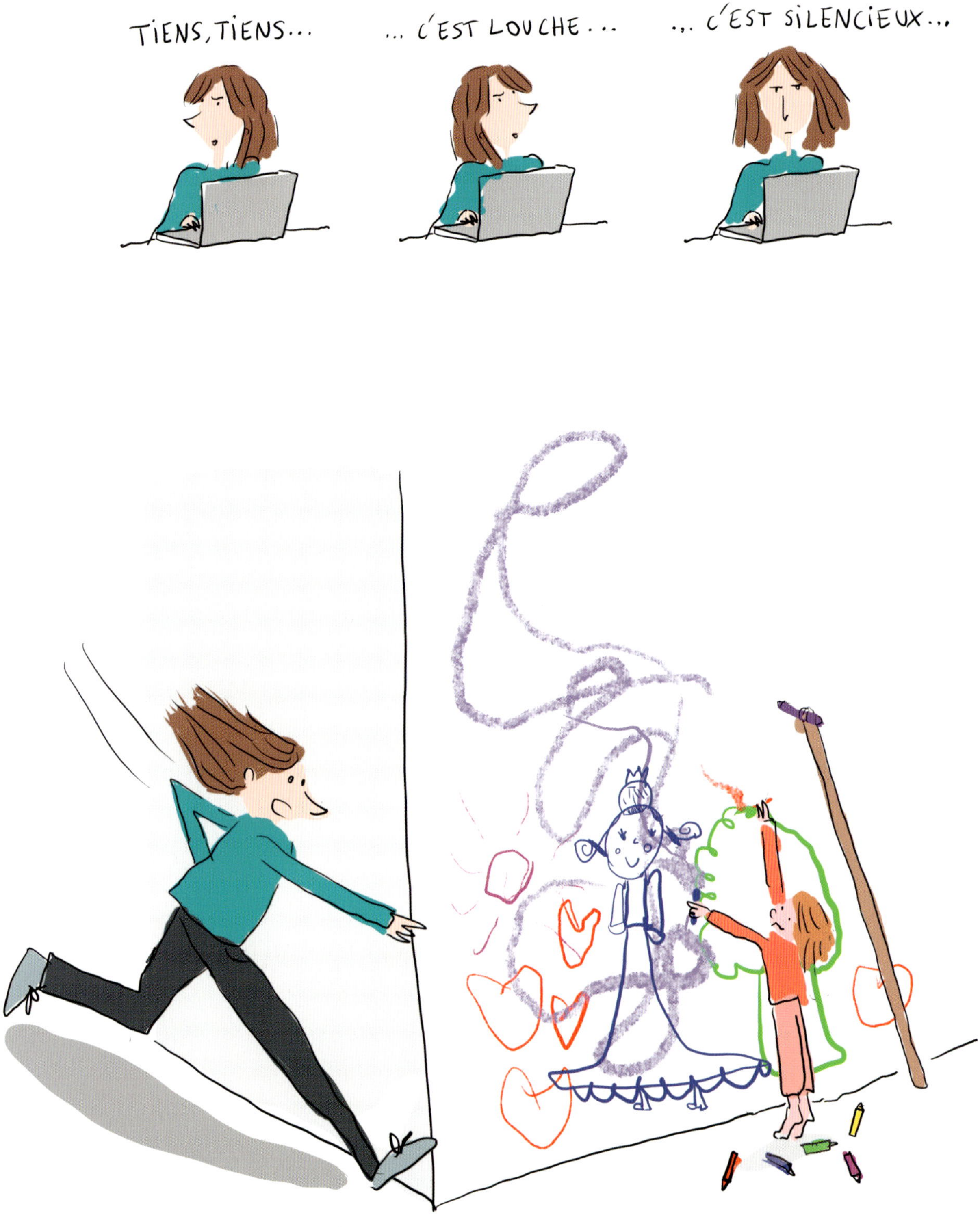
TIENS, TIENS...
... C'EST LOUCHE...
... C'EST SILENCIEUX...

MAMANNN ?
PAPAAAA ?
JE SUIS PRÊTE
À FAIRE MES
DEVOIRS !

J'AI UNE RÉUNION
DE BOULOT !
J'AI UN
RDV ZOOM
25 PERSONNES
COMPTENT
SUR MOI
JE RISQUE
DE ME FAIRE
VIRER
C'EST UNE
QUESTION DE
VIE OU DE MORT !
ON SERA
SANS REVENUS

GEL

ET TOI MON PETIT, TU VEUX FAIRE QUOI COMME MÉTIER PLUS TARD ?

DU CHÔMAGE PARTIEL !

DARONNADE : DÉSIGNE LE FAIT D'AVOIR UN PARENT QUI PASSE DERRIÈRE LA VISIO D'UN ADO

MARS 2020

JUIN 2020

SÉQUELLES (4)

MAÎTRESSE ?
REGARDE J'AI PERDU UNE DENT !
C'EST SUPER LÉON !
TU VAS VOIR LA PETITE SOURIS !
HA BON ?
BHA OUI ELLE VA VENIR DANS TON LIT
...
...
...
...
...
...
...
...
ÇA VA LÉON ?
J'ESPÈRE QU'ELLE VA PENSER À PRENDRE SON MASQUE !
LÉON . G

QU'EST-CE QUI EST PETIT ET MARRON ?
JE SAIS PAAAS !
UN PETIT MARRONNNNNN

QUEL GOURMET CONFINÉ ÊTES-VOUS ?

RETOUR
DE CONFINEMENT

"JE CROIS QU'ON A OUBLIÉ
DE JETER LES PÂTES"

JE VOUS RACONTE PAS L'ODEUR DU MASQUE APRÈS UN BON SAINT-NECTAIRE

MERCI !
7
POUÊÊÊT !
BON ANNIVERSAIRE !!!

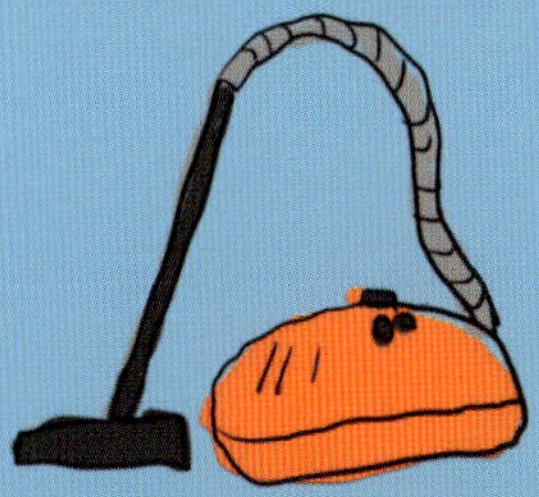

BILAN POST-CONFINEMENT

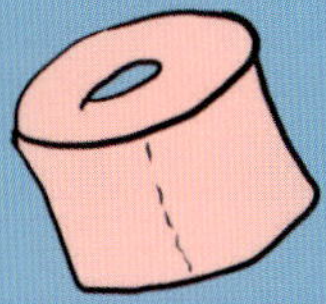

→ J'AI COMMENCÉ À FUMER

→ J'AI FAIT MON PAIN

→ J'AI DÉCOUVERT LA MÉDITATION

ET JE NE
VOUS AI PAS
PARLÉ DES
POINTS DE CROIX,
SUDOKU ET TRICOTS !

HAAAA
AAAR
GGH!

NON !
ÇA FAIT PLUS DE 15 JOURS !
OK, J'AI TOUSSÉ. MAIS J'AI AVALÉ DE TRAVERS !
JE PEUX SORTIR ?
ET AVOIR DES VÊTEMENTS ?

YIHAAAAAAA!
T'AS PAS VU MON PASSEPORT?

Bzzzzzzzzz
Bzzzzzz

FILTRE JUNGLE

J'AI REDÉCOUVERT LES PANTOUFLES

J'AI ENFIN UTILISÉ LES CHOSES QUE JE GARDAIS "AU CAS OÙ"

QUI VEUT
TERMINER
LA FRISÉE ?

Mon mari et mes filles :
Adrien, Carmen & Adèle
Albine
Alice
Alice K
Anne & Olivier
Anne Sophie
Anneuton
Antonin & Rana
Arthur
Axelle & Charles
Camille R
Camille T
Caroline
Cécilia
Chloé & Lambert
Claire
Clara, Julien et leurs enfants
Clio
Côme
David
Delphine
Elisabeth
Emilie
Etienne
Filipo
Fleur
Flore
Florence
Gaston
Hanh-Claire
Hélène
Inès & Clément
Isabelle & François
(papa & maman)
Julie
Laeticia
Léo
Louis & Jenna
Louise T
Ludivine
Maia

Je remercie tous les gens qui m'ont confié, de vive voix et sur les réseaux sociaux, leurs histoires : famille, amis, connus et inconnus. J'ai pu, grâce à eux, me sentir moins seule durant cette année, rire et surtout dessiner tous les jours.

Maddy, Chloé & Augustin
Madeleine
Malaury
Marie & Charles
Marie & Marion
Marie et ses enfants
Marion B
Marion C
Mariona
Martin
Mathilde
Maylis & Amaury
Michele
Myriam, Sylvain, Gaston et Jojo
Nicolas
Nina
Noémie
Olivier
Pamina
Paul & Delphine
Pauline
Pauline C
Perrine & Cyril
Philippine
Rachel
Roman
Régis
Roselyne & Pierre
Sidonie & Antoine
Sixtine et Antoine
Sybille, Antoine
Cassandre et Cézanne
Stephanie
Thalia
Valentine C
Valentine M
Valentine R
Yasmina D
Zaïneb
Zoé

Et puis c'est tout de même plus réconfortant de savoir qu'on rame tous dans la même galère.